José Rizal

Estatuto de la Liga filipina

I0532664

Barcelona 2024
Linkgua-ediciones.com

Créditos

Título original: Estatuto de la Liga filipina.

© 2024, Red ediciones S.L.

e-mail: info@linkgua.com

Diseño de la colección: Michel Mallard.

ISBN rústica ilustrada: 978-84-9953-139-7.
ISBN ebook: 978-84-9953-138-0.

Todos los libros de Linkgua Ediciones cuentan con modelos de Inteligencia Artificial entrenados por hispanistas. Pregúntale al chat de tu libro lo que desees acerca de la obra o su autor/a.

Para ebooks: Accede a nuestro modelo de IA a través de este enlace.

Para libros impresos: Escanea el código QR de la portada con tu dispositivo móvil.

Obtén análisis detallados de nuestros libros, resúmenes, respuestas a tus preguntas y accede a nuestras ediciones críticas generativas para una experiencia de lectura más enriquecedora.

La transparencia y el respeto hacia la autoría de las fuentes utilizadas son distintivos básicos de nuestro proyecto. Por ello, las respuestas ofrecen, mediante un sistema de citas, las fuentes con las que han sido elaboradas.

Sumario

Brevísima presentación

La vida

José Protacio Rizal Mercado y Alonso Realonda (19 de junio de 1861, Calamba-30 de diciembre de 1896, Manila), fue patriota, médico y hombre de letras inspirador del nacionalismo de su país.

Rizal era hijo de un próspero propietario de plantaciones azucareras de origen chino. Su madre, Teodora Alonso, fue una de las mujeres más cultas de su época.

La formación de José Rizal transcurrió en el Ateneo de Manila, la Universidad de Santo Tomás de Manila y la de Madrid, donde estudió medicina.

Más tarde estudió en París y Heidelberg.

Noli me Tangere, su primera novela, fue publicada en 1886, seguida de *El filibusterismo*, en 1891. Por entonces editó en Barcelona el periódico *La Solidaridad* en el que postuló sus tesis políticas.

Pese a las advertencias de sus amigos, Rizal decidió regresar a su país en 1892. Allí encabezó el movimiento de cambio no violento de la sociedad llamado «La Liga Filipina», cuyos estatutos aquí publicamos. Deportado a una isla al sur de Filipinas, fue acusado de sedición en 1896 y ejecutado en público en Manila.

El Estatuto

El *Estatuto de la liga filipina* es un documento escrito por José Rizal. La Liga fue una organización política fundada por este y sus estatutos pretendían:

Unir el archipiélago entero en una sociedad igualitaria en las Filipinas.
La protección mutua en cada deseo y necesidad.

Defensa contra la violencia y la injusticia.
Estímulo de la educación, de la agricultura, y del comercio.
Estudio y aplicación de reformas.

Rizal intentó conseguir para Filipinas los mismos derechos que tenían el resto de españoles. Sin embargo, en la noche del 6 de julio de 1892, fue arrestado cuatro días después de la creación de la sociedad.

El 7 de julio, el gobernador-general Eulogio Despujol ordenó que Rizal fuera deportado a Dapitan. Tras la detención de Rizal, la Liga Filipina quedó inactiva. Más adelante fue reorganizada por Domingo Franco y Andrés Bonifacio. Luego la liga se dividió en dos grupos.

Adoptado para la pronta consecución de
los fines propuestos

1892.

L. F.•••

FINES:

1. Unir todo el A.••• en un cuerpo compacto, vigoroso y homogéneo.

2. Protección mutua en todo apuro y necesidad.

3. Defensa contra toda violencia e injusticia.

4. Fomento de la instrucción, agricultura, industria y comercio.

5. Estudio y aplicación de reformas.

LEMA: V. I. O.

SIGNO:•••

Forma:

1. Para poner en práctica estos fines, se crearán Cp.• C. P.• y un C. S.• que residirá en la Capital del Archipiélago o en donde mejor convenga a los intereses de la L. F.•

2. Cada C.• constará de un P.• F.• T.• S.• y A.•

3. El C. S.• constará de P.• y seis consejeros supremos F.• T.• y S.• así como el C. P.• solo se compondrá de un G. P.• con F.• T.• y S.•

4. El C. S.• manda sobre toda la L. F.• y se entiende directamente con los G. P.• y Gp.•

5. El C. P.• manda sobre los Gp.•

6. El Cp.• solo manda sobre los A.•

7. Cada C. P.• y Cp.• adopta un nombre diferente del de la localidad o región.

Deberes: De los A.•

1. Pagará dos pesos de una sola vez, como cuota de entrada, y cincuenta céntimos de peso, como cuota mensual, desde el mes de su ingreso.

2. Con la conciencia del que debe a su patria, para cuya prosperidad y por el bienestar que debe ambicionar para sus padres, hijos, hermanos y seres queridos que le rodean, debe sacrificar todo interés personal y obedecerá ciega y puntualmente todo mandato, toda disposición, de palabra o por escrito, que emane de su C.• o del G. P.•

3. Participará inmediatamente y sin perder momento a las autoridades de su C.• todo cuanto vea, note u oiga que constituya peligro para la tranquilidad de la L. F.• o

algo que de ella se refiera, procurando con empeño ser sincero, veraz y minucioso, en todo aquello que trate de comunicar.

4. Guardará el secreto mas absoluto a los profanos, aunque éstos fuesen sus padres, hermanos, hijos, etc., a costa de su propia vida, los hechos actos y decisiones de su C.• y de la L. F.• en general, siendo el medio para conseguir lo que el A.• más ama en la vida.

5. En todos los actos de la vida concederá la preferencia a los otros A.• no comprará sino en la tienda de un A.• o cuando algo le venda, lo hará con rebaja. En igualdad de circunstancias siempre favorecerá al A.• Toda infracción de este artículo será severamente castigada•••

6. El A.• que pudiéndolo no socorra a otro en caso de apuro o peligro, será castiga-

do y se le impondrá cuando menos la misma pena que el otro ha padecido.

7. Cada A.• a su afiliación adoptará un nombre nuevo a su elección y no podrá cambiarlo mientras no sea Gp.•

8. Aportará a cada C.• un trabajo, una observación, un estudio o un nuevo aspirante.

9. No se someterá a ninguna humillación ni tratará a nadie con altanería y desprecio.

Del G.•

1. Velará por la prosperidad y por la vida de su C.• conocerá de memoria los nombres simbólicos y verdaderos de todos los G.• de los C. P.• y Cp.• si él es el G. S.• Los G. P.• tienen la obligación de conocer el nombre simbólico del G. S.• y el verdadero; de igual manera el de los Gp.• de su respectivo C. P.• El Gp.• estará obligado en los mismos términos con respecto a su G. P.• y ademas el de todos los A.• que estuviese dentro de su C.•

2. Estudiará constantemente los medios para unir a sus subordinados y ponerlos en rápida comunicación.

3. Estudiará y remediará las necesidades de la L. F.• del G. P.• o del Gp.• según sea G. S.• o G. P.•

4. Atenderá cuantas observaciones, comunicaciones y peticiones se le hagan y las pondrá inmediatamente en conocimiento de quien corresponda.

5. En el peligro será el primero y es el primer responsable de cuanto acontezca dentro de su C.•

6. Dará ejemplo de subordinación a los G.• superiores para que sea obedecido de sus subordinados.

7. Verá en el último A.• la personificación de toda la L. F.•

8. Las faltas de las autoridades, se castigan con mas severidad que las de los simples A.•

9. Es indiscutible mientras no proceda acusación del F.•

10. A falta de tiempo y ocasión, puede obrar por sí y ante sí quedando no obstante, en responder a los cargos que se le puedan hacer.

11. Dentro del C.• es el juez de toda cuestión o litigio que hubiere entre los A.•

12. Es el único que está facultado para conocer los verdaderos nombres de sus A.• o subordinados.

13. Amplias facultades para organizar los detalles de las reuniones, comunicaciones y

empresas para su eficacia, seguridad y rapidez.

14. Cuando un C.• sea bastante numeroso puede el G. P.• crear otros sub-C.• nombrando primero las autoridades. Una vez constituidos, les dejará elegirlos según reglamento.

15. Todo G. P.• está facultado para fundar un C.• en un pueblo donde aun no lo hubiere, participándolo después al C. S.• Los G. P.• y todos los G.• de los C.• establecidos en los arrabales de Manila o en los pueblos que comprende la provincia en que resida el C. S.• son los únicos llamados a nombrar al S.•

Del F.•

1. El F.• velará porque todos cumplan con su deber.

2. Acusará con motivos justificativos ante el C.• toda infracción o incumplimiento observado en cualquier miembro del C.• sin distinción de jerarquía.

3. Pondrá en conocimiento del C.• todo peligro o persecución.

4. Examinará el estado de los fondos del C.•

5. Hacer salir o comparecer a todo acusado mientras se expone el caso en el C.•

6. Puede en cualquiera ocasión examinar los registros y los libros de contabilidad.

Del T.•

1. Llevará en un registro los nombres nuevos de los A.• que forman su C.•

2. Rendirá al P.• con el G.• estricta cuenta cada mes de las cuotas recibidas, anotadas por los mismos A.• con sus contraseñas particulares, como también de los gastos.

3. Dará un recibo y hará que lo note en el registro con el mismo puño y letra del donante todo donativo que exceda de un peso y no pase de cincuenta pesos.

4. El Tp.• conservará en la caja del Cp.• la tercera parte de las cuotas de cada mes recogidas para las necesidades del mismo. El resto lo entregará al T. P.• enseñándole su registro y escribiendo él mismo en el registro

de T. P.• la cantidad entregada. El T. P.• dará entonces un recibo, y si está conforme con las cuentas, pondrá en el registro del otro su visto bueno. Iguales procedimientos se seguirán cuando el T. P.• entregue fondos al T. S.•

5. El T. P.• retendrá de las cantidades a él entregadas por los Tp.• una décima parte del total de cada mes para los gastos del C. P.•

6. Cuando algún A.• quiera dar a la L. F.• una suma que exceda de cincuenta pesos, los entregará en depósito a cualquiera de los T.• que mejor le parezca, exigiendo un recibo del depósito, que remitirá al C. S.• por conducto del G. P.• o directamente si lo estima conveniente.

7. Antes de disponer de los fondos en una necesidad urgente e imperiosa de algún A.• o

de algún C.• consultará con su P.• y F.• y sin orden ni autorización de éstos le está prohibido hacer pagos y abonos; caso de obrar en contrario, responderá de la cantidad y de su conducta ante el tribunal de la L. F.•

Del S.•

1. Dará cuenta en cada reunión de lo que se ha dispuesto, y anunciará lo que se haya de hacer.

2. Redactar la correspondencia del C.•

3. En caso de ausencia o imposibilidad absoluta del P.• del C.• y para facilitar la rapidez del despacho de los asuntos que no admiten espera, sustituirá al P.• en todas las funciones y con las mismas facultades en que se halla investido; caso de que la ausencia del P.• fuese indefinida dará cuenta inmediatamente al G.• inmediato para convocar al F.• y T.• con quienes deliberará al caso para proceder a la elección del P.•

Derechos del A.•

1. Todo A.• que justifique plenamente su necesidad tiene derecho al socorro moral, material y pecuniario de su C.• y de la L. F.•

2. Podrá exigir que todos los A.• le favorezcan en su comercio o profesión siempre que ofrezca tantas garantías como los otros. Cuando un A.• desea pasarse a una provincia o pueblo para asuntos propios o del C.• en los cuales, no cuenta con ninguna clase de relaciones personales, solicitará del G.• de su C.• una carta de recomendación personal para el C.• de la provincia o pueblo de su itinerario. Si el G.• a quien se ha dirigido el A.• tampoco contara medios, puede solicitarla del G. P.• quien a su vez se dirigirá al G. S.• dado el caso de que los dos G.• primeros no puedan satisfacerlos. Para esta

protección, transmitirá a su Gp.• su nombre verdadero y sus condiciones para que éste lo pase al G. S.• y quien por los medios idóneos, lo hará saber a todos los A.• de la L. F.•

3. En cualquier apuro, agravio o injusticia, el A.• puede invocar todo el socorro de la L. F.•

4. Podrá pedir prestado capital para una empresa cualquiera, siempre que en la caja haya fondos disponibles y suficientes, para no estar desatendidas las atenciones del C.•

5. De todos los establecimientos o miembros sostenidos directamente por la L. F.• podrá exigir rebaja en los artículos o servicios que se le hicieren.

6. Ningún. A.• será juzgado sin que antes se le permita la defensa.

Inversión de los fondos

1. Se sostendrá al afiliado o a su hijo, que no teniendo medios, demuestre aplicación y grandes facultades para el trabajo y al estudio.

2. Se sostendrá al pobre A.• en su derecho contra algún poderoso.

3. Se socorrerá al A.• que haya venido a menos.

4. Le prestará Capital al A.• que lo necesite, para una industria o agricultura.

5. Se favorecerá la introducción de máquinas e industrias nuevas o necesarias en el pais.

6. Se abrirán tiendas, almacenes, estable-cimientos en donde los A.• puedan surtirse mas económicamente que en otra parte.

7. El G. S.• tiene amplia facultad para disponer de los fondos en casos apurados, siempre que después dé cuenta ante el C. S.•

Disposiciones generales

1. Para que fuese admitido un A.• a la L. F.• es preciso, que el aspirante poseyese moralidad, buenas costumbres; no haber sido procesado justificadamente como ladrón, no ser jugador, borracho ni libertino. El aspirante deberá pretender y solicitar de un A.• su ingreso y éste lo comunicará al F.• para las averiguaciones necesarias respecto de su conducta.

2. No obstante del artículo anterior, ninguno será admitido sin previa votación del C.• satisfecha a las pruebas a que se halla sujeto el neófito.

3. Los A.• eligen al Pp.• Tp.• Fp.• ; los tres al Sp.• Las autoridades Pp.• eligen al G. P.•

F.• y T.• los tres al S. P.• Las P. P.• eligen al
G. S.• F. S.• y T. S.• y éstos eligen al S. S.•

4. Los cargos caducan cada dos años, sal-
vo cuando haya acusación del F.•

5. Para obtener los cargos se necesitan las
tres cuartas partes de los votos de los presentes.

6. Cada vez que se admita a un A.• el Gp.•
solo comunica al G. P.• con su nombre nuevo y el antiguo; lo mismo cuando se funda
un nuevo C.•

7. Las comunicaciones en tiempo ordina-
rio, deben llevar sus nombres simbólicos,
tanto del que firma como del destinatario
y el curso que sigue es, del A.• al Gp.• de
éste al G. P.• o al G. S.• y viceversa. Solo en
casos extraordinarios pueden salvarse estas

formalidades; no obstante, en todo tiempo y lugar el G. S.• puede dirigirse directamente a cualquiera.

8. No es menester que todos los miembros de un C.• estén presentes para que las decisiones tengan validez; basta que se halle presente la mitad y una de las autoridades.

9. En los momentos críticos cada C.• se considerará como la salvaguardia de la L. F.• y si por una causa u otra se disolviesen los demás o desaparecieren, cada C.• cada G.• cada A.• tomará sobre sí la misión de reorganizarlos y reconstituirlos.

10. El C. S.• está plenamente facultado para subsanar todas las deficiencias que se noten, en el presente estatuto, y agregar otras disposiciones no previstas en el mismo,

necesarias e imprescindibles para el fomento y desarrollo de la L. F.•

11. Cuando de entre los A.• surjan cuestiones entre sí por causas de intereses materiales u ofensas personales, el agraviado u ofendido debe dirigirse en queja al P.• de su C.• quien ordenará la formación de un jurado, que fallará la cuestión.

12. Cuando el A.• notare parcialidad en el tribunal de su Cp.• y no se conforma en la sentencia allí dictada, puede acudir en apelación al C. P.• y hasta al C. S.• haciendo para estos casos los tramites de jerarquía en jerarquía.

13. Los fallos del tribunal del C. S.• no admiten ya apelación; pues, son irrevocables.

14. Queda terminantemente prohibido a todos los A.• de la L. F.• someter a las autoridades judiciales y gubernativas toda clase de asuntos que surjan entre A.• Toda infracción en este sentido, será severísimamente castigada.

15. Fuera del recinto del C.• y de todo aquello que no afecte a la disciplina de la L. F.• en general, en el trato social se considerarán como si fuesen hermanos carnales todos los A.• desde el G. S.• hasta el último A.• de todos los C.• de la L. F.• ; con tan fraternal motivo, todos están obligados a defender mutuamente los intereses de los A.• condoler y aliviar las desgracias; porque lo que sufre y padece un A. deben conceptuarse que las sufren y padecen todos.

Fin.

London Printing Press.

No. 25, Khulug Street,

Londres.

www.ingramcontent.com/pod-product-compliance
Lightning Source LLC
Chambersburg PA
CBHW020321150626
46552CB00022B/3062